AF369621

2e décembre 1909

**VENTE**
Du Lundi 20 Décembre 1909
HOTEL DROUOT, SALLE Nº 1
A 2 HEURES

❦

# Riche Mobilier

## DE STYLE LOUIS XV ET LOUIS XVI

COMMISSAIRE-PRISEUR
Mᵉ LAIR-DUBREUIL

# CATALOGUE

D'UN

# RICHE MOBILIER

## De Style Louis XV et Louis XVI

Ameublement de salle à manger en bois laqué blanc.
Chambre à coucher en marqueterie de bois rose et de violette.
Bibliothèque. — Vitrines. — Bureau.
Table à coiffer. — Table à thé. — Guéridons, etc., etc.
en bois de placage garnis de bronzes.
Tables, Consoles et Supports en bois doré. — Horloge monumentale.
Glaces. — Paravents.
Deux ameublements de salons garnis en tapisserie d'Aubusson.
Bergères, Fauteuils garnis en soie. — Sièges en bois sculpté
et en bois laqué.

## BRONZES D'AMEUBLEMENT

SUSPENSION, LUSTRES, APPLIQUES,
CANDÉLABRES, FLAMBEAUX DISPOSÉS POUR L'ÉLECTRICITÉ,
GARNITURE DE CHEMINÉE, CHENETS.

## PORCELAINES — BISCUITS — MARBRE — TABLEAUX

### RIDEAUX EN SOIE, TENTURES, TAPIS, ETC.

*Dont la Vente aux Enchères publiques aura lieu*

# HOTEL DROUOT, SALLE N° 1

## LE LUNDI 20 DÉCEMBRE 1909

A DEUX HEURES

---

Par le Ministère de Me **F. LAIR-DUBREUIL**, Commissaire-Priseur

6, rue Favart.

---

## EXPOSITION PUBLIQUE

### Le Dimanche 19 Décembre 1909, de 2 heures à 6 heures

## CONDITIONS DE LA VENTE

Elle sera faite au comptant.

Les adjudicataires paieront *dix pour cent* en sus des enchères.

L'exposition mettant le public à même de se rendre compte de l'état et de la nature des objets, aucune réclamation ne sera admise une fois l'adjudication prononcée.

Paris. — Imp. de l'Art, Cн. Berger, 41, rue de la Victoire.

# DÉSIGNATION

## PORCELAINES, BISCUITS
## MARBRE, OBJETS VARIÉS

1 — Glace à chevalet. Cadre en porcelaine blanche, fleurs en relief.

2 — Dessus de guéridon en mosaïque de marbres de couleur.

3 — Plaque en mosaïque : Paysage italien, avec figures et animaux.

4 — Paire de grands vases couverts en porcelaine gros bleu et or, montés en bronze ciselé et doré ; anses à serpents.

5 — Grande potiche couverte en porcelaine de Chine bleu, décorée de fleurs et d'insectes.

6 — Groupe en biscuit : La Femme et le Serpent.

7 — Statuette en biscuit : Floréal, de Louis CONVERS.

8 — Modèle de fontaine en biscuit, composé d'un groupe de trois fillettes sur un rocher et d'une vasque formant jardinière.

9 — Statuette de femme en biscuit, portant la marque de Sèvres et signée : *Coutheillas*.

10 — Très grand vase en porcelaine de Sèvres gros bleu, partie centrale en biscuit décoré en relief ; riche ornementation en bronze ciselé et doré, base à tors de lauriers sur socle en bronze.

11 — Grand buste de la Vénus de Milo, en marbre blanc.

12 — ÉCOLE MODERNE. Portraits. Deux pendants. Cadres en bois sculpté et doré.

13 — FRANCK. Marchés en Espagne. Deux pendants.

14 — SAINT GERMIER. Une Rue à Venise. — Palais au bord du grand canal.

15 — Cinq Études peintes.

16 — Six gravures encadrées.

# BRONZES D'AMEUBLEMENT

17 — Pied de brasero en cuivre.

18 — Paire de chenets en bronze poli, modèle à
vases. Style Louis XVI.

19 — Paire de chenets en bronze de style chi-
nois.

20 — Flambeau en bronze, tige cannelée et
feuillagée.

21 — Paire de flambeaux électriques en bronze
doré : la Bourrasque. Signé : *E. Jonchery*.

22 — Flambeau électrique en bronze doré, à
figure d'amour portant une branche de fleurs.
Socle en marbre bleu turquin.

23 — Paire de flambeaux en bronze. Modèle
Louis XVI.

24 — Flambeau en bronze ciselé, à figure de
femme et branche de fleur formant lumière
électrique. Signé : *G⁰. Jonchery*.

25 — Flambeau électrique en bronze, à figure de
femme assise sur un tronc d'arbre. Signé :
*H. Sibend.*

26 — Applique à deux lumières en bronze
ciselé, doré, à trophée et médaillon.

27 — Paire de petits candélabres à trois lumières
en bronze doré, de style Louis XVI, sur so-
cles en marbre.

28 — Paire d'appliques en bronze ciselé et doré,
à trois lumières, et cariatides de femmes.
Style Régence.

29 -- Paire de candélabres en bronze ciselé et
doré, à dix lumières, forme brûle-parfums,
supporté par deux amours tenant des guirlandes de fleurs.

30 — Deux plafonniers électriques en bronze et
cristal.

31 — Lustre en bronze ciselé et doré, décoré de
pendeloques en cristal. Disposé pour l'électricité.

32 — Petit lustre-suspension en bronze doré, de
style oriental, à quatre lumières électriques.

33 — Lustre en bronze doré, à figure d'amour en bronze, tenant deux torches formant lumières.

34 — Lanterne d'antichambre hexagonale en bronze poli, garnie de glaces biseautées.

35 — Lustre en bronze doré, composé de trois torches supportées par un nœud de rubans et de branchages formant six lumières électriques.

36 — Lanterne en bronze doré, à six faces garnies en cristal dépoli. Modèle à draperies.

37 — Lustre en bronze poli, en forme de câble, à huit lumières, et bouquet de lumières au centre.

38 — Lustre en bronze doré, modèle à draperie, garni de quatre rinceaux formant lumières électriques.

39 — Lustre à six lumières électriques, garni de cristaux taillés.

40 — Grande suspension de salle à manger en bronze ciselé et doré, en forme de panier garni de cristaux supporté par trois volutes ; couronne à feuillages garnie de bouquets de lumières électriques.

41 — Garniture de cheminée en marbre de couleur et bronze ciselé et doré, de style Louis XVI, composée de : une pendule, forme monument à colonnettes, cadran orné de cornes d'abondances et deux candélabres forme trépieds à trois lumières en bronze doré.

42 — Nombreuses appliques en cuivre, disposées pour l'électricité.

## MEUBLES, SIÈGES

43 — Étagère d'encoignure en bois laqué, décor de fleurs et d'oiseaux sur fond noir.

44 — Grande selle-support en bois laqué et peint.

45 — Grand paravent en acajou et trois feuilles en étoffe fond rose, à bande de fleurs sur fond blanc.

46 — Deux grandes galeries de fenêtres en bois peint gris, avec guirlandes de fleurs et nœud de rubans en bois sculpté doré.

47 — Paire de supports-appliques, à étagères, en bois sculpté doré, à éventails et rinceaux.

48 — Deux consoles-supports en bois sculpté doré.

49 — Support en bois sculpté doré, sur trois pieds. Dessus de marbre.

50 — Support-trépieds en bois d'acajou, orné de bronzes ; dessus de marbre vert de mer et galerie de cuivre.

51 — Table, guéridon en bois sculpté doré ; dessus de marbre blanc veiné.

52 — Glace d'entre-deux. Cadre en bois sculpté doré. Style Louis XV.

53 — Petite console d'applique en bois sculpté et doré, supportée par une cariatide de femme ailée. Style Louis XVI. Dessus de marbre.

54 — Petite console demi-lune en bois sculpté doré, sur deux pieds cannelés, avec vase d'entrejambe. Style Louis XVI. Dessus de marbre.

55 — Paires de gaines en marqueterie de bois, avec frise et moulures en bronze. Dessus de marbre.

56 — Table à thé en marqueterie de bois de vio
lette, ornements en bronze doré à figures
d'amour et têtes de béliers.

57 — Guéridon rond en acajou et marqueterie,
garni de bronzes. Dessus de marbre. Style
Louis XVI.

58 — Guéridon, de forme contournée, en bois de
placage, avec tablette d'entrejambe, ornements de bronze. Dessus de marbre. Style
Louis XV.

59 — Petite table ovale en acajou sur quatre
pieds cambrés, ornements en bronze. Dessus
de marbre. Style Louis XVI.

60 -- Paravent à quatre feuilles en soie brochée
à fleurs sur fond bleu et fond crème ; le haut
à petites glaces biseautées. Monture en bois
sculpté doré. Style Louis XVI.

61 — Petit paravent en bois sculpté doré, à
trois feuilles garnies en soie brochée de style
Louis XV.

62 — Paravent à trois feuilles en soie brochée, à
médaillon bleu ciel sur fond gris. Monture
en bois laqué blanc ; le haut à petites glaces
et décoré d'une gravure en couleur : la Ba-
lançoire. Style Louis XVI.

63 — Meuble à hauteur d'appui en bois sculpté et laqué blanc, ouvrant au centre à deux portes garnies de canne, entre deux rangées de tiroirs.

64 — Horloge monumentale en noyer sculpté et ciré, décorée de cariatides, de médaillons et ornements divers en bronze ciselé et doré ; fronton à tête de satyre. Balancier en bronze ciselé doré.

65 — Table-bureau en bois d'acajou, avec moulures et ornements en bronze ciselé et doré. Dessus en basane. Style Louis XVI.

66 — Table à coiffer, de forme rognon, en acajou ciré et ornements de bronzes dorés, surmontée d'une galerie garnie de canne, avec glace psyché au centre. Style Louis XVI.

67 — Table rectangulaire en acajou à moulures de cuivre, sur deux pieds en forme de lyres reliés par une barre d'entrejambes. Style Louis XVI.

68 — Bureau de dame en bois d'acajou, orné de bronzes ciselés et dorés. Modèle à cylindre surmonté d'une vitrine ouvrant à deux vantaux. Style Louis XVI.

69 — Ameublement de salle à manger en bois laqué blanc, à ornements en bronze doré, composé de : un buffet, dressoir à dessus de marbre brèche, un buffet-crédence, une table et ses allonges et dix-huit chaises garnies de canne, avec coussin de siège en soie brochée fond vert.

70 — Meuble-argentier en bois laqué blanc, ouvrant à deux portes à glaces biseautées ; ornements en bronze doré.

71 — Table-servante à crémaillère en bois laqué blanc et ornements en bronze.

72 — Table en bois laqué blanc, garnie de bronzes.

73 — Vitrine en acajou verni à fond de glace, ornée de bronzes dorés ; côtés en glaces. Style Louis XVI.

74 — Vitrine en marqueterie de bois de violette, ornée de bronzes ; les côtés et la façade sont à glaces biseautées ; intérieur gainé de damas vert. Style Louis XVI.

75 — Meuble-bibliothèque en acajou sculpté, orné de bronzes ciselés et dorés, de style Louis XVI, ouvrant à quatre vantaux, dont deux grillagés.

76 — Bel ameublement de chambre à coucher en marqueterie de bois rose et bois de violette, orné de bronzes ciselés et dorés, de style Louis XVI, composé de : un lit de milieu, une grande armoire ouvrant à une porte à glace biseautée et deux vantaux pleins avec tiroirs, une table de nuit.

77 — Très grande glace biseautée, dans un cadre en acajou; fronton à coquille et chutes en bronze doré.

78 — Banquette et quatre chaises en bois laqué, garnis de canne.

79 — Deux chaises légères en bois sculpté doré, garnies de canne, dossiers à flèches et rubans.

80 — Chaise légère en bois sculpté doré, foncée de canne, dossier à médaillon à fleurs et rinceaux.

81 — Sept chaises légères dépareillées en bois sculpté et doré, garnies de canne. Style Louis XVI.

82 — Divan d'encoignure, garni en brocatelle, fond rouge.

83 — Deux fauteuils et trois chaises en acajou ciré, ornés de bronzes dorés et garnis en soie brochée à rayures, fleurs et guirlandes. Style Louis XVI.

84 — Chaise longue en trois parties en acajou, ornée de bronzes dorés, couverte en soie brochée à couronnes et corbeilles de fleurs. Style Louis XVI.

85 — Deux chaises en acajou, garnies de bronzes, garnies en même étoffe.

86 — Banquette, de style Louis XV, en bronze sculpté, couverte en velours rouge et galon doré.

87 — Deux fauteuils en noyer sculpté, style Renaissance, avec coussins en velours rouge galonné d'or.

88 — Quatre fauteuils en noyer sculpté, de style Louis XIII, garnis de velours rouge galonné d'or.

89 — Trois chaises-caqueteuses en noyer sculpté, dont deux avec coussin en ancienne tapisserie.

90 — Grand canapé en bois sculpté, recouvert en tapisserie au point et au petit point, avec médaillons de personnages, cavaliers, oiseaux, sur fond de feuillages fleuris.

91 — Causeuse en bois sculpté doré, de style Louis XVI, garnie en soie crème brochée à guirlandes et couronnes de fleurs.

92 — Marquise en bois sculpté doré, de même style, garnie en satin broché à paniers fleuris et guirlandes de feuillages.

93 — Une bergère, deux fauteuils et deux chaises en bois sculpté doré, style Louis XVI, garnis en brocart à fleurs et festons sur fond gris-blanc.

94 — Bergère en bois sculpté, de style Louis XVI, garnie en soie brochée à bouquets de fleurs, festons et rubans ; fond vieux rose.

95 — Deux bergères en bois sculpté doré, de style Louis XVI, garnies en soie brochée fond vieux rose.

96 — Ameublement de salon en bois sculpté et doré, de style Louis XVI, garni en tapisserie d'Aubusson, présentant aux dossiers des groupes de personnages et sur les sièges des animaux dans des encadrements de fleurs et de rinceaux. Composé de : un canapé et quatre fauteuils.

97 — Ameublement de salon en bois sculpté doré, garni en tapisserie d'Aubusson à guirlandes de fleurs et de feuillages. Style Louis XVI. Composé de : un canapé et quatre bergères.

# RIDEAUX, TENTURES

98 — Garniture de lit en satinette bleue, recouverte de dentelle.

99 — Coupon d'étoffe en brocatelle fond rouge.

100 à 108 — Rideaux en soie brochée et étoffes variées.

109 — Stores et brise-bise en toile et guipure.

110 — Rideaux de vitrage et brise-bise en tulle et guipure.

111 à 120 — Dix tapis en moquette.

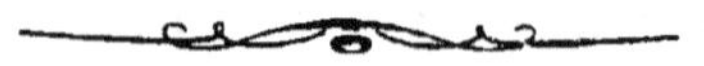